Welt im Wandel

Richtlinien natürlicher Führung und

Organisation als Ausweg aus der Krise

Welt im Wandel

Richtlinien natürlicher Führung und Organisation als Ausweg aus der Krise

Philipp Uffhausen

Titelbild: © Monia - Fotolia.com

Herstellung und Verlag:
Books on Demand GmbH, Norderstedt, www.bod.de

ISBN 978-3-8391-1371-4

Printed in Germany.

Erste Auflage 2009.

Mit dem Kauf dieses Buches unterstützen Sie die "Deutsche Gemeinschaftsstiftung". Diese ist zum Zwecke der Verwirklichung der in diesem Buch beschriebenen Grundsätze vom Verfasser gegründet worden.

Kontakt und weitere Informationen unter:
kontakt@gemeinschaftsstiftung.eu

Denken, was wahr,
und fühlen, was schön,
und wollen, was gut ist,

darin erkennt der Geist das Ziel des vernünftigen Lebens.

Platon

Vorwort und Richtlinien

Vorwort

Die Menschheit befindet sich in einer tiefen Krise. Auf beispiellose Weise ist nicht nur das Leben der Menschen untereinander gestört, sondern auch die Rolle der Menschen innerhalb des natürlichen Organismus Erde.

Die Äußerungen der führenden Politiker in allen Ländern sowie der weltweiten Medien sind bestimmt von düsteren Prophezeiungen und Prognosen. Danach herrschen bestimmend Krieg, Hunger, Flucht, Arbeitslosigkeit und nunmehr auch drohende Naturkatastrophen vor.

Der kleinliche Egoismus der Menschen, der zu einem kräftezehrenden Gegeneinander führt, macht es den Menschen nahezu unmöglich, ihre eigene schöpferische Kraft zur Entfaltung zu bringen. Seit Jahrhunderten war die Menschheit nicht mehr so weit von ihrer natürlichen Bestimmung entfernt: Der Fähigkeit und Aufgabe, durch kunstfertige und schöpferische Betätigung dem Dasein Tiefe und Schönheit zu geben.

Dies alles hat seinen äußeren Ausdruck in der mangelhaften Organisation und der Führungsschwäche der Menschen. Alles, was heute im Negativen wie im Positiven beobachtet werden kann, ist das Ergebnis der Gestaltung der Erde durch die Menschen. Diese Gestaltung war wiederum bedingt durch die bestehenden Organisationsstrukturen. Wenn man den Ergebnissen menschlichen Wirkens in den letzten Jahrzehnten ein katastrophales Zeugnis ausstellen muß, muß man dies also auch den Organisationsstrukturen gegenüber.

Zu den bestehenden Mechanismen wird hier ein Gegenmodell geboten. Die folgenden Richtlinien beruhen dabei einzig auf dem Prinzip größtmöglicher Natürlichkeit und sind allein von diesem abgeleitet.

Nur durch die Wiederentdeckung der Natürlichkeit findet der Mensch wieder zurück zu sich selbst und zu seiner Rolle innerhalb der Natur.

Als natürliche Gegebenheiten unterliegen die folgenden Richtlinien weder dem Zeitgeist noch dem Wandel.

Sie stehen damit unveränderbar fest.

Die Richtlinien

1. Jeder Mensch besitzt eine einzigartige Persönlichkeit, die ihn von jedem anderen Menschen unterscheidet.

2. Persönlichkeit drückt sich aus in individuellem Talent.

3. Talent wird erhöht und findet seine Vollendung im freiwilligen Dienste der Gemeinschaft.

4. Die natürlichen Kräfte und Umstände formen die natürlichen Gemeinschaften Volk und Familie.

5. Jede weitere Art von Gemeinschaft kann nur der Unterstützung der natürlichen Gemeinschaften dienen.

6. Jede Gemeinschaft ist nach außen an ihrem einzigartigen Zweck und nach innen an ihrer Geschlossenheit und ihrer Fähigkeit, das individuelle Talent jedes Einzelnen zur vollen Entfaltung zu bringen, zu messen.

7. Jede Gemeinschaft bestimmt einen Hauptverantwortlichen zur Erfüllung ihres Zwecks.

8. Für die Erfüllung seiner Aufgaben erhält jeder Einzelne in seinem Verantwortungsbereich umfassende Kompetenz und Autorität.

9. Jeder hat das ständige Recht auf Vorschläge und das einmalige der Herausforderung.

10. Führung hat weise, gerecht, kraftvoll und maßvoll zu sein und einer möglichst einfachen und natürlichen Lösung zu dienen.

Erläuterungen

Erste Richtlinie

Jeder Mensch besitzt eine einzigartige Persönlichkeit, die ihn von jedem anderen Menschen unterscheidet.

Dieser Grundsatz klingt wie eine Selbstverständlichkeit - und im Grunde ist er das auch. Und dennoch wird er heute von einem weitverbreiteten gewaltigen Irrtum verdrängt: Dem Irrtum von der Gleichheit aller Menschen.

Obwohl die Unwahrheit dieses Irrtums bei wacher Betrachtungsweise unmittelbar einleuchtet, wird er immer wieder und wieder geäußert - mit weitreichenden verheerenden Folgen für das Zusammenleben der Menschen.

Auf der gesamten Erde finden sich nicht zwei Steine, die einander exakt gleichen. Wie viel weniger kann dies dann für so komplexe Organismen wie Menschen gelten. Selbst eineiige Zwillinge ähneln sich oft nur bei sehr oberflächlicher Betrachtungsweise, sind aber in Verhalten und Charakter verschieden und eindeutig zu identifizieren. Wenn sich aber nicht einmal zwei Menschen gleichen, dann können noch viel weniger alle gleich sein.

Der Irrtum der Gleichheit der Menschen kann im Hinblick auf Fragen der Führung und Organisation als der Grundirrtum bezeichnet werden, denn er führt zu weiteren Irrtümern, die alle eine Führung, die diesen Namen verdienen soll, unmöglich machen.

Zunächst einmal führt der Irrtum der Gleichheit Aller gesetzmäßig zur Mißachtung des Einzelnen. Wenn Alle gleich wären, wäre jeder Einzelne bedeutungslos und austauschbar. Tatsächlich ist es aber gerade die Individualität jedes Menschen, die höchste Achtung und höchsten Respekt verlangt. Die Erkenntnis der Einzigartigkeit des Einzelnen innerhalb der gesamten Schöpfung führt damit zwangsläufig zu einer ganz anderen Qualität im Umgang der Menschen miteinander.

Weiterhin schließt die Erkenntnis der Persönlichkeit aus, daß sich Jeder zu Allem berufen fühlt - und vermeintlich besser als jeder Andere ist. Wer die Verschiedenheit der Menschen anerkennt, respektiert auch das individuelle Talent seines Nächsten. Er wird sich auf seine eigene Aufgabe konzentrieren und Verbesserungen ausschließlich ehrlich und konstruktiv im Sinne der Gemeinschaft angehen.

Eine weitere Ausprägung des Irrtums der Gleichheit aller Menschen ist der Irrtum der Gleichheit von Mann und Frau. Auch hier leuchtet die Unwahrheit dieser These bei wacher Betrachtungsweise unmittelbar ein. Es bedurfte daher größter Anstrengung und der ständigen Wiederholung, um dem weiblichen Geschlecht einzureden, Frauen seien in Wahrheit die besseren Männer.

Mag diese Indoktrination auch einige äußerliche Fortschritte im Umgang der Menschen miteinander gebracht haben; im Wesentlichen hat die These vor allem die natürliche Ordnung nachhaltig gestört, indem sie den Frauen ihre natürliche Weiblichkeit beraubt und die Beziehung zum Mann erheblich erschwert hat.

Das natürliche Wesen der Frau ist von dem des Mannes unterschiedlich. Dies führt ganz natürlich zu verschiedenen Aufgaben und Zielen. Es gibt nicht den geringsten Bedarf, daß ein Geschlecht dem anderen etwas neiden und nachmachen sollte. Beide Geschlechter finden in ihrer perfekten Ergänzung erst ihre jeweilige Vollendung.

Zweite Richtlinie

Persönlichkeit drückt sich aus in individuellem Talent.

So wie Jeder über eine einzigartige Persönlichkeit verfügt, so findet diese schöpferischen Ausdruck in einer besonderen individuellen Begabung. Die Begabung ist das Mittel, mit der sich die Persönlichkeit im Außen schöpferisch ausdrücken kann und will.

Die Anlagen für die persönliche Begabung sind schon bei Geburt vorhanden. Es ist Aufgabe und Lebensinhalt jedes Einzelnen, diese Begabung zu erkennen und mit Inhalt zu füllen. Erfahrungsgemäß führt nur dieser Weg zu Zufriedenheit und Glück. Er kann als der einzig natürliche Weg bezeichnet werden.

Da heute im allgemeinen die Erziehung und Schulung nicht darauf ausgerichtet ist, das individuelle Talent zu erkennen und gezielt bestmöglich zu fördern, erkennen viele Menschen ihre Begabung oft erst spät oder gar nicht. In einem späten Stadium haben sie vielleicht schon resigniert oder sind derart in den gesellschaftlichen Verpflichtungen verwoben, daß eine Umorientierung nur noch mit großer Anstrengung möglich ist. Dies ist ein weiterer Grund für Unzufriedenheit.

Einige - für die Gemeinschaft aber insgesamt wichtige - Begabungen werden gar in den derzeitigen Gesellschaften überhaupt nicht gefördert. Dies sind vor allem kreative Tätigkeiten und solche, die zur natürlichen Weiterentwicklung der bestehenden Strukturen geeignet sind. Diese sind in den bestehenden starren Systemen sogar eher unerwünscht, da sie keineswegs auf Weiterentwicklung ausgelegt sind.

Die Verteilung der Begabungen erfolgt entsprechend ihres natürlichen Zwecks. Dies muß schon deshalb so sein, weil sie von denselben natürlichen Kräften gebildet werden, die alle anderen Merkmale der Menschen auch ausgeprägt haben. Vielen Menschen fehlt derzeit noch das Vertrauen in diese einfache Tatsache. Dabei läßt sie sich recht anschaulich zum Beispiel an einem Ameisenstaat erkennen: Hier hat jede Ameise genau die Funktion inne, die benötigt wird. Nicht eine einzige Ameise steht am Rande herum, und weiß nicht, was zu tun ist. Und auch hier gilt: Wie viel mehr ist doch der Mensch.

Jede Persönlichkeit besitzt daher ein Talent zu besonderer Arbeit, also einer schöpferischen Tätigkeit, die bleibende Werte schafft und der Gemeinschaft dient. Damit wird der Beruf zur Berufung im wahrsten und treffendsten Sinne des Wortes.

Dritte Richtlinie

Talent wird erhöht und findet seine Vollendung im freiwilligen Dienste der Gemeinschaft.

Die wahrhaft Großen der Menschheit, die Genies dieser Welt, haben nicht danach gefragt, was sie von der Welt bekommen können. Sie haben mit großer Leidenschaft und Hingabe einfach das getan, was sie am besten konnten. Sie haben ihr Talent zur Vollendung gebracht und so bleibende Werte für die Menschheit geschaffen.

Das Einbringen des persönlichen Talents für die Gemeinschaft bedeutet das Ende des Egoismus. Es führt zu einem Wandel vom schmerzhaften Gegeneinander zu einem freudigen Miteinander.

Innerhalb der Gemeinschaft muß damit Maßstab jedes Verhaltens in erster Linie die Integrität von Ehre und Würde der Gemeinschaft sein. Erst danach werden Verletzungen berechtigter Einzelinteressen geahndet.

Die Entfaltung der Talente kann dabei harmonisch koordiniert werden. Wenn die vielen Talente auf ein gemeinsames Ziel ausgerichtet werden, kann wahrhaft Großes erreicht werden. Die Menschheit ist zu so viel mehr fähig, als dies heute den Anschein hat. Sobald sie oder auch nur einzelne Gemeinschaften von ihr die Grundsätze natürlicher Führung und Organisation beherzigen und umsetzen, wird sie sich zu heute ungeahnter Höhe erheben. Viele der heutigen Probleme werden binnen weniger Jahre auf einfache und natürliche Weise gelöst werden.

Wird das persönliche Talent in den Dienst der Gemeinschaft gestellt, wird das Prinzip der Gegenleistung abgelöst vom Prinzip des freiwilligen Gebens. Das Prinzip der Gegenleistung wirkt ungemein hindernd, da Jeder im Verhältnis zu Anderen ständig bemüht ist, möglichst wenig zu leisten. Das Prinzip des freiwilligen Gebens führt zu einer ständigen Wertevermehrung und zu einem Überfließen menschlicher Kreativität und Schöpferkraft.

Genau wie die Anwendung des Prinzips des persönlichen Talents setzt das Prinzip des freiwilligen Gebens Vertrauen voraus. Weniger das Vertrauen in den direkten Nächsten, als mehr Vertrauen in die bestmögliche Wirkung der natürlichen Kräfte. Dieses ist allerdings im Falle der Anwendung der Grundsätze natürlicher Führung und Organisation schnell hergestellt. Die Umsetzung der Grundsätze lehrt unmittelbar, daß Geben immer zu einer Vermehrung führt, nicht zu einer Verringerung der persönlichen Möglichkeiten und Freude.

Vierte Richtlinie

Die natürlichen Kräfte und Umstände formen die natürlichen Gemeinschaften Volk und Familie.

Die natürlichen Kräfte des Universums haben gesetzmäßig das Sonnensystem erschaffen. Die Umstände und Kräfte im Sonnensystem ließen die Erde entstehen. Die Beschaffenheit der Erde, der Stand und die Intensität der Sonne, die Oberfläche der Erde, die Meere, Berge, Täler, Wälder, Wiesen, Steppen und Seen formten auf ganz natürliche Weise die Pflanzen und die Tiere.

Die Völker der Erde entstanden als Bestandteil der Schöpfung auf ebendiese Weise. Innerhalb des Organismus Erde haben die Völker eine der Kraft des jeweiligen Ortes entsprechende Funktion. Die Kraft, die die Völker einst geformt hat, wirkt weiter auf ihre Entwicklung ein. Würde heute die Wanderung und Vermengung der Völker unterbunden, würden sich bald wieder die natürlichen Ausprägungen der Völker betonen. Es bedarf schon einer gehörigen Portion Ignoranz anzunehmen, daß die Kräfte, die einst die Völker geformt haben, heute keine Wirksamkeit mehr haben sollen. Langfristig müssen sie sich immer durchsetzen.

Wie die Menschen sind auch die Völker der Erde verschieden und einzigartig. Wie der Einzelne sein persönliches Talent hat, haben die Völker innerhalb des

Organismus Erde ihre unverwechselbare Art, sich schöpferisch zu betätigen und auszudrücken. Der Umstand, daß auf diese Tatsache bisher nicht ausreichend Rücksicht genommen worden ist, ist eine der Hauptursachen für die Unzufriedenheit der Menschen, das Chaos auf der Erde und für viele Kriege.

Nur die Respektierung der Einzigartigkeit der Völker führt zu wahrem und dauerhaftem Frieden. Wer die Andersartigkeit der Anderen respektiert, muß ihnen nicht nacheifern oder sie zu übertreffen versuchen. Er muß nicht das haben wollen, was die Anderen haben. Er muß nicht fremdes Land begehren oder Erfolge mißgönnen.

Jedes Volk der Erde ist dazu berufen, Erfolg auf einem anderen Gebiet zu haben. Es entspricht der natürlichen Ordnung, daß einige Völker mehr schöpferischer Natur sind. Andere verstehen sich dafür bestens auf Reproduktion der genialen Erfindungen mancher Völker zum Nutzen einer breiten Masse. Dies ist sogar im heutigen Chaos noch gut erkennbar.

Und selbst die überwiegend zerstörerisch wirkenden Völker haben im Gesamtsystem Erde eine wichtige Aufgabe: Sie fordern die schöpferischen Völker zu ständiger Anstrengung heraus und verhindern so deren Trägheit.

Nur wenn es - wie derzeit - den eher zerstörerisch wirkenden Völkern gelingt, die schöpferischen nachhaltig zu schwächen, gerät das Völkergefüge in ein Ungleichgewicht zum Schaden aller. Die Folgen Hunger, Krankheiten, Kriege, Moralverlust, Willensschwäche, Zukunftsangst und Umweltzerstörung sind heute folgerichtig die beherrschenden Themen.

Auf Dauer ist die Kraft des Ortes noch stärker als die des Blutes, denn sie formt auch das Blut. Die Erkenntnis von der natürlichen Existenz der Völker, die gegenseitige Achtung und ein Ende des Vagabundierens zwischen den Völkern und innerhalb der Völker würde daher bald eine sehr viel natürlichere, kraftvollere und auch glücklichere Menschheit formen. Und dies auf ganz natürliche und harmonische Weise.

Fortgeschrittene Völker nutzten zu allen Zeiten die Kenntnis von den natürlichen Kräften zur bewußten Gestaltung ihrer Umwelt. Da das, was Menschen gestalten, Teil der Umwelt wird, wirkt es wieder auf ihre Entwicklung. Die Menschen stehen in einer ständigen Wechselbeziehung zu dem, was sie umgibt. Häuser, Städte, Landschaften, Literatur, Musik, Kunst, aber auch der Informationsfluß sollten daher gezielt geformt werden und unterstützen so die gewollte Entwicklung der Gemeinschaften im moralisch besten Sinne.

Auf diese Weise entstehen Lebensräume, die eine weit höhere Lebensqualität entwickeln, als dies bei heutigen Städten der Fall ist. Lokale Bauweisen werden bis zur Vollendung gebracht. So entsteht auch eine Vielfalt der

Städte, die an die Stelle der zufälligen Mischstädte von heute tritt, die sich alle mehr oder wenig ähneln und die natürliche Entwicklung der Menschen nur behindern.

Als elementares Kernstück jedes Volkes bedarf auch die Familie, also die Verbindung von Mann und Frau mit ihren Nachkommen, besonderer Wertschätzung und Förderung. Innerhalb der Familie wird die natürliche Rolle jedes Einzelnen akzeptiert. Jeder Versuch, dies durch „Tolerierung" zu sabotieren, entspricht nicht den natürlichen Anforderungen und ist daher zu unterbinden.

Fünfte Richtlinie

Jede weitere Art von Gemeinschaft kann nur der Unterstützung der natürlichen Gemeinschaften dienen.

Die großen Gemeinschaften wie Völker bedürfen der Untergliederung, um effektiv gestalten zu können. An sich sollte es sich von selbst verstehen, daß diese weiteren Gemeinschaften nicht dem Hauptzweck der Völker zuwiderhandeln dürfen.

Tatsächlich sind die derzeitigen Gesellschaften aber derzeit so organisiert. Die Menschheit wirkt auch deswegen so ineffizient, weil ihre einzelnen organisatorischen Einheiten überwiegend gegeneinander statt miteinander arbeiten.

Die Wirtschaft beispielsweise hat sich von ihrem eigentlichen Zweck nahezu vollständig entkoppelt. Ihre Aufgabe wäre es, den Völkern zu dienen, indem sie ihnen Nahrung, Arbeit, Wohlstand und Sicherheit verschafft, ihnen also ein Umfeld kreativer Entfaltung bietet. Viele Unternehmen verfolgen aber überwiegend den Interessen der Völkern entgegengesetzte Ziele.

Arbeitende Menschen und ihre persönlichen Stärken werden nicht als das eigentliche Kapital angesehen, sondern als lästiges, aber notwendiges Beiwerk. Die Abhängigkeit der Arbeiter wird oft benutzt, sie selbst und ganze Staaten zu erpressen. Bewirkt wird damit eine noch stärkere Entkoppelung der Unternehmen zum Schaden der Völker.

Mit der Verselbständigung der Unternehmen geht die Loslösung der Staaten von den Völkern einher. Der Einfluß der privaten Interessen durch internationale Unternehmen und Vereine ist so groß geworden, daß die Völker derzeit nahezu vollständig vom politischen Entscheidungsprozeß ausgeschlossen sind.

Auch viele Organisationen, die scheinbar keine monetären Interessen und egoistischen Ziele verfolgen, schaden aber tatsächlich der Gemeinschaft. Dazu gehören auch manche vermeintlich wohltätigen Organisationen. Oberflächlich betrachtet helfen sie in Einzelfällen, Mißstände zu lindern. Indem sie aber Symptome kurzzeitig und auch medienwirksam unterdrücken, verstärken sie nur die Ursachen und vergrößern damit das eigentliche Problem. Im Sinne natürlicher Organisation sind nur Gemeinschaften, die einen Lebensbereich abschließend regeln und dabei die natürlichen Richtlinien der Führung anwenden.

Weiterhin ist eine Vielzahl der etlichen bestehenden Geheim- und Seilschaftsorganisationen äußerst gemeinschädlich. Diese sind in der Regel international organisiert und bilden ein Netzwerk mit dem hauptsächlichen Ziel größtmöglicher Einflußnahme auf Entscheidungsträger in Politik und Wirtschaft außerhalb der dafür vorgesehenen Kanäle. Dies zudem weitestgehend unbemerkt von der Öffentlichkeit. Sie nutzen dabei die Eitelkeit und die Gier der Entscheidungsträger aus, die sich oftmals bereitwillig kaufen lassen.

Eine gesunde Gemeinschaft kann daher weder Kernkompetenzen abgeben, noch darf sie die Bildung von parallelen Machtstrukturen dulden. Tatsächlich gibt es aber in einem System natürlicher Führung und Organisation für derartige Strukturen aber auch weder Bedarf noch Raum.

Sechste Richtlinie

Jede Gemeinschaft ist nach außen an ihrem einzigartigen Zweck und nach innen an ihrer Geschlossenheit und ihrer Fähigkeit, das individuelle Talent jedes Einzelnen zur vollen Entfaltung zu bringen, zu messen.

Keine Organisation ist ihr eigener Zweck. Organisationen werden zu den Zwecken derjenigen Menschen geschaffen, die in ihr zur Gemeinschaft zusammengefaßt sind. An diese sind die Organisationen gebunden, und nicht umgekehrt, wie dies heute so oft der Falle zu sein scheint.

Für Staaten bedeutet dies beispielsweise Folgendes:

Die meisten der heutigen Staaten haben sich soweit verselbständigt, daß ihr eigentlicher Zweck vollkommen mißachtet wird. Um dem staatlichen Handeln dennoch halbwegs eine Richtung zu geben und den Mangel an Zielorientiertheit zu kompensieren, werden sogenannte „Werte" definiert und als einzige erhaltens- und förderungswürdige Parameter ausgegeben - letztlich ohne Rücksicht auf die Menschen. Diese Werte unterliegen dabei allerdings der ständigen Auslegung und Abwertung und werden im - meist kritischen - Einzelfall oft genug vollständig außer Kraft gesetzt.

Ein solcher Staat ist nicht geeignet, ein Volk zu seiner natürlichen individuellen Entfaltung zu bringen. So verschieden diese beim jeweiligen Volk auch sein mag - an erster Stelle jedes Staates steht die Aufgabe, das jeweilige Volk in seinem Bestand zu erhalten und zu schützen. Allein unter diesem Gesichtspunkt versagen die meisten der derzeitigen Staaten.

Weitergehende Ziele, die von heutigen Politikern langfristig angestrebt werden, sind ohnehin nicht erkennbar. Keiner der heute existenten Staaten besitzt eine konkrete Definition, wie durch das Wirken des in ihm zusammengefaßten Volkes eine Weiterentwicklung der Menschheit erreicht werden soll.

Sowohl für den Staat als auch jede untergeordnete Gemeinschaft ist Geschlossenheit elementare Grundlage jeder weiterer Tätigkeit. Da jede Gemeinschaft einen klar definierten Zweck verfolgt, ist jede Bestrebung, die diesem Zweck zuwiderläuft, für die gesamte Gemeinschaft schädlich und damit zu unterbinden. Sie hindert die Entwicklung und Entfaltung der Gemeinschaft und kann sie im schlimmsten Fall soweit schädigen, daß sie sich insgesamt zurückentwickelt.

Diese ist bei den derzeitigen Staaten zu erkennen, die auf Geschlossenheit keinen besonderen Wert legen. Teilweise ist das Entstehen entgegengesetzter Kräfte sogar bereits in der Art der Organisationsstruktur angelegt. Dies gilt zum Beispiel immer, wenn verschiedene Parteien geduldet werden, die zudem autorisiert sind, sich gegenseitig die Autorität zu untergraben.

Dies hat ganz gesetzmäßig zur Folge, daß die Völker ziellos auseinanderdriften und so von ihrer Natürlichkeit immer weiter getrennt werden. Sie versündigen sich so an der Schöpfung insgesamt.

Da das individuelle Talent des Einzelnen seinen vollständigen Ausdruck erst in der Gemeinschaft findet, liegt es in ihrem dringendsten Interesse, das individuelle Talent zur vollen Entfaltung zu bringen.

Jede Gemeinschaft ist ständig daraufhin zu überprüfen, wie gut ihr das gelingt. Sie hat die diesbezüglichen Instrumente ständig zu verfeinern.

Auch hier versagen die derzeitigen Staaten vollends: Gerade in Führungspositionen wird nicht nach Talent ausgewählt, sondern nach in der Regel sachfremden Erwägungen. Dies führt sogar soweit, daß für die höchsten Ämter keinerlei Qualifikation nachgewiesen werden muß.

Etwas besser sind Wirtschaftsunternehmen organisiert. Diese würden allerdings auch schnell kollabieren, wenn auf Talent keinerlei Rücksicht genommen werden würde, wie dies in der Politik der Fall ist. Staaten haben immer die Möglichkeit, fehlende Führungskompetenz durch Erhöhung der Abgabenlast oder bewußte Steuerung von - vorgeblich unverschuldeten - Krisen zu kaschieren. Ersteres ist auch ein Grund für die derzeitige Abgabenhöhe. Da aber auch hier die Grenze erreicht ist, haben viele Staaten Kernbereiche an gegen-nationale Organisationen verkauft.

Siebte Richtlinie

Jede Gemeinschaft bestimmt einen Hauptverantwortlichen zur Erfüllung ihres Zwecks.

Zur Verwirklichung der Ziele der Gemeinschaft ist es erforderlich, daß eine einzige Person führt. Einzig ihre Persönlichkeit und ihr individuelles Talent finden schöpferischen Ausdruck im Dienste der Gemeinschaft, mag sich diese Person auch vieler helfender Köpfe und Hände bedienen.

Wer zu führender Verantwortung durch die natürliche Vorsehung berufen ist, der ist dazu auch in der Lage und fähig. Gesucht werden dabei keine Kompromisse aus einer Vielzahl von persönlichen - und letztendlich unerheblichen - Meinungen, sondern schlicht die beste Lösung.

Keine Zufälligkeiten wie wechselnde Mehrheiten oder schwankende Moden dürfen dabei Entscheidungen beeinflussen können.

Die Auswahl des Verantwortlichen hat sorgfältig und im Idealfall einstimmig zu erfolgen. Die Wahl erfolgt direkt und nicht infolge einer Abstimmung für oder gegen Mehrere, sondern ausschließlich als Bestätigung der Auswahl. Dies ist absolut notwendig zur Erhaltung der Autorität der Führungspersönlichkeit.

In aller Regel sollte sich bereits vorher abgezeichnet haben, wer infrage kommt. Wer bereits bewiesen hat, verantwortungsvolle Aufgaben zweckentsprechend und den Grundsätzen der Führung getreu gelöst zu haben, bietet sich auch für höhere Aufgaben an. Sofern der bisherige Amtsinhaber aus Altersgründen oder aufgrund Berufung auf ein anderes Amt ausscheidet, hat er ein Vorschlagsrecht.

Die ausgewählte Person trägt für die von ihr geführte Organisation die volle und persönliche Verantwortung. Verantwortung trägt sie ausschließlich gegenüber der Gemeinschaft, die sie führt, und dem Zweck, zu dem die Menschen in ihr verbunden sind. Für ein Scheitern wird sie auch mit erworbenen Gütern, Rechten und Privilegien zur Verantwortung gezogen.

In Organisationen, die den Grundsätzen natürlicher Führung und Organisation entsprechen, werden daher auch nur Persönlichkeiten Verantwortung übernehmen wollen, die dazu auch in der Lage sind.

Verantwortung kann nicht geteilt werden. Heutige, auf Abstimmungsvereinen beruhende politische Systeme, bedeuten Verantwortungslosigkeit Aller. Wer sich nur auf ein Gremium beruft, das in mehr oder minder zufällig zustandegekommen Wahlen aufgestellt worden ist, genießt in Wahrheit die Freiheit des Narren. Parlamente können allenfalls die Absetzung der Spitzen erreichen; dies liegt selbst aber nicht in ihrem Interesse, da dies auch für sie mit einem Machtverlust verbunden wäre.

Verantwortungslose Macht aber korrumpiert. Dies tut sie allerdings in der Regel, da Machtpositionen, die nicht mit unmittelbarer Verantwortung verbunden sind, für Nichtberufene eine besondere Verlockung darstellen, der sie ihrer Natur gemäß nicht widerstehen können. Gefördert werden aber eher Talente auf Gebieten wie Seilschaftenbildung, Betrug, Verrat und Ähnlichem, die für die eigentliche Aufgabe und den Zweck des Amtes fatal sind.

Gremien sollten allerdings ergänzend gebildet werden und sich aus aufstrebenden jungen Talenten und verdienten Veteranen zusammensetzen. Während Erstere Gelegenheit erhalten, sich einzubringen und Verantwortung zu übernehmen, bringen Letztere ihre Erfahrung mit in den Führungsprozeß ein. Derartige Gremien übernehmen aber in keiner Weise Führungsverantwortung. Diese verbleibt in vollem Umfang bei der verantwortenden Persönlichkeit.

Die Verbindung von Macht mit persönlicher Verantwortung erhöht die Qualität der Führung in einem derzeit kaum bekannt hohem Maße.

Übrigens schließt das Prinzip der Verantwortung einen gesunden Wettbewerb nicht aus. Im Gegenteil; es können durchaus verschiedenen Talente mit dem gleichen Ziel, aber auf individuelle Weise, vom Verantwortlichen beauftragt werden.

Sobald sich der Beste mit seinen Ideen durchgesetzt hat, werden seine Errungenschaften zum Wohle aller übernommen. Auch dies steht in einem äußerst angenehmen Gegensatz zur derzeitigen Praxis, nach der fortschrittliche Entwicklungen aus Gründen egoistischer Gewinnmaximierung möglichst lange zurückgehalten oder ganz gänzlich unterdrückt werden.

Achte Richtlinie

Für die Erfüllung seiner Aufgaben erhält jeder Einzelne in seinem Verantwortungsbereich umfassende Kompetenz und Autorität.

Untrennbar verbunden mit umfassender persönlicher Verantwortung ist die dem entsprechende persönliche Macht. Nur für tatsächlich getroffene oder versäumte Entscheidungen ist persönliche Haftung denkbar.

In seinem Aufgabenbereich erhält die verantwortende Person mit den ihr zugewiesenen Mitteln daher die volle Handlungsgewalt. Dazu gehört insbesondere auch die Möglichkeit der Auswahl des Personals. Die Einsetzung von Personen findet daher stets von oben nach unten und ohne die Einmischung Dritter statt.

Nur eine klare Abgrenzung der Verantwortungsbereiche führt zu klaren Ergebnissen. Sofern Zuständigkeiten nicht klar geregelt sind, fühlt sich niemand zuständig, was nur zu einer Verschleppung wichtiger Aufgaben führt.

Die Beteiligten erkennen die Autorität der verantwortenden Persönlichkeit uneingeschränkt an. Zur Wahrung der Qualität ist es ohnehin erforderlich, daß sich der Einzelne zunächst auf seinem Aufgabenbereich bewährt. Tut er dies in einem besonders hohen Maße, bietet er sich schon dadurch für höhere Aufgaben an. Diese wahre Autorität entsteht daher nicht durch Macht, sondern durch Können.

Allein durch gute, das heißt zielführende, Arbeit in führender Tätigkeit wird die übergeordnete verantwortliche Person schon im eigenen Interesse diesen Begabten besonders fördern und ihn auf einem höheren Posten erproben. Dies fördert die Qualität der Führung insgesamt. Ein System, das auf Seilschaften, Täuschungen und Intrigen beruht, wie die derzeitigen, ist daher weder förderlich, noch überhaupt möglich. Natürliche Führung und Organisation führt damit zwangsläufig auch zu einer moralischen Reinigung und Weiterbildung.

Auch im Übrigen liegt die Erhaltung vollständiger Autorität im Sinne der Gemeinschaft. Sie festigt sie und trägt zu vertiefter Geschlossenheit bei.

Da ein verantwortungsvoller Umgang mit allen Beteiligten auch zu den Prinzipien guter Führung gehört, werden besonders Persönlichkeiten gefördert, die diese Eigenschaft besitzen. Dies liegt ebenfalls im Interesse sowohl des Letztverantwortlichen als auch der Gemeinschaft insgesamt.

Neunte Richtlinie

Jeder hat das ständige Recht auf Vorschläge und das einmalige der Herausforderung.

Heutzutage sind viele Menschen stolz auf die Möglichkeit, lamentieren, protestieren, opponieren, demonstrieren und sabotieren zu können. Wann immer Veränderungen anstehen, die eine Mehrzahl von Menschen betreffen, wird irgendeine Form von Widerstand organisiert. In manchen Fällen ändert dies den Entscheidungsprozeß, in anderen nicht. Teilweise ist auch dieser Widerstand gewollt, da er oft genug vom eigentlichen Problem ablenkt.

In jedem Fall sind diese Maßnahmen, wenn sie denn ernstgemeint und von einem ehrlichen Willen zur Verbesserung getragen sind, immer mit großem Aufwand verbunden und unter dem Gesichtspunkt der Weiterentwicklung der Gemeinschaft insgesamt weitgehend wertlos.

Mag auch der Einzelfall tatsächlich besser gelöst worden sein; wichtiger als der Einzelfall ist immer die Frage, wie Aufgaben grundsätzlich gelöst werden. Diese grundsätzlichen Fragen bleiben aber fast immer unangetastet; dieselben Menschen werden wieder ähnlich falsche Entscheidungen treffen. Ihre Nachfolger werden das Gleiche tun.

Wenn es die Regel ist, daß politische Entscheidungen immer wieder der Korrektur bedürfen und diese nur durch großen Aufwand durchgesetzt werden können, dann ist das bestehende System nicht effizient.

Es muß daher die allererste Maßnahme sein, ein System zu entwickeln, das sich bei jeder Korrektur gleichzeitig selbst verbessert. Kein bestehendes politisches System tut das. Weil dies den Menschen mittlerweile zumindest unbewußt klar ist, ist ihre Grundhaltung - und in diesem Fall zu Recht - Mißtrauen und Ablehnung. Eine Organisation, der man vertraut, braucht keinen Widerstand.

Unter dem Gesichtspunkt sinnvoll eingesetzter Energie organisierter Widerstand ist daher zuallererst gegen das bestehende System zu richten und hin auf die Entwicklung einer Organisationsstruktur, die ihre Entscheidungsprozesse ständig verbessert.

Zwangsläufig wird als Ergebnis das hier vorgestellte System herauskommen.

Als Mittel zur Verbesserung stehen dabei Vorschläge und Herausforderungen zur Verfügung.

Vorschläge bedeuten das Einbringen von Ideen in den Entscheidungsprozeß, ohne den Anspruch und den Willen, persönliche Verantwortung zu übernehmen. Als Herausforderungen werden demgegenüber Eingaben verstanden, die mit dem Angebot auf Übernahme persönlicher Verantwortung verbunden sind.

Es muß gewährleistet sein, daß Vorschläge ernsthaft geprüft werden. Die Möglichkeit, daß gute Vorschläge aufgrund menschlicher Eitelkeiten nicht zur Verwirklichung kommen, muß dabei ausgeschlossen sein. Dies wird am besten dadurch gewährleistet, daß bei Nichtberücksichtigung durch die verantwortende Person die hierarchisch übergeordnete entscheidet. Teil der Entscheidung muß dann auch die Konsequenz darüber sein, daß die verantwortende Person eine gute Eingabe nicht berücksichtigt hat. Gerade hier kann die Weiterentwicklung des Systems stattfinden.

Auf der anderen Seite ist es erforderlich, daß der Vorschlagende die Letztentscheidung akzeptiert und keine weiteren Maßnahmen zur Verwirklichung seiner Idee mehr unternimmt. Dies tut er mit seiner Entscheidung, seine Idee als Vorschlag und nicht als Herausforderung einzubringen.

Bei Herausforderungen ist zu entscheiden, ob und in welcher Form im Fall der Zustimmung dem Herausforderer persönliche Verantwortung übertragen wird. Dabei sind Ziel der Gemeinschaft, Alter und Kompetenz des Herausfordernden und die Art des Vorschlags zu berücksichtigen.

Je mehr sich jemand bereits in einer Führungsposition bewährt hat, desto eher wird ihm auch Verantwortung übertragen werden können. Auf diese Weise wird die Qualifikation gewährleistet. Auf der anderen Seite schließt dies nicht aus, daß jemand, der einen brillanten Einfall hat, diesen auch ohne vorhergehende Erprobung in die Tat umsetzen darf.

Dies alles ist die Entscheidung der in der Verantwortungsebene übergeordneten Person. Sie tritt für diese Entscheidung mit ihrer Persönlichkeit voll und ganz ein.

Öffentlich geäußerte Kritik kann je nach Qualität der Äußerung als Vorschlag oder als Herausforderung gewertet werden. Jedem wird somit Ansporn gegeben, Kritik ausschließlich konstruktiv zu äußern. Dies hat die weitere nützliche Folge, daß Schmähkritik mit dem Ziel lähmender oder gar spaltender Wirkung wirksam ausgeschlossen wird. Damit ist das Vorschlagssystem auch ein Instrument zur ständigen Stärkung der Gemeinschaft.

Zehnte Richtlinie

Führung hat weise, gerecht, kraftvoll und maßvoll zu sein und einer möglichst einfachen und natürlichen Lösung zu dienen.

Die hier beschriebenen Tugenden sind der natürliche Ausdruck der Prinzipien Persönlichkeit und Verantwortung. Echte Führung bedient sich ihrer ständig und ausnahmslos. Zum jetzigen Zeitpunkt ist es aber gut und nützlich, sich immer vor Augen zu halten, was gute Führung ausmacht. Dies schon deshalb, um die derzeitigen Zustände angemessen bewerten zu können. Die Unterschiede sind gewaltig.

Weise ist vor allem eine Führung, die vorausschauend und planend ist und nicht auf faulen Kompromissen beruht. Weisheit schließt alle berührten Aspekt mit ein. Sie führt zu einer Lösung, die auf eine höhere Ebene führt, als die, auf der der Konflikt oder die Herausforderung entstanden ist. Weisheit garantiert somit echten Fortschritt.

Während heutige Machthaber stets nur das persönliche Ziel der Machterhaltung im Auge haben, die aufgrund ihres Mangels an persönlicher Führungsqualität ständig bedroht ist, ist bei natürlicher Organisation Macht nur eine gesetzmäßige Folge guter Führung. Talentierte Führungspersönlichkeiten müssen sich um die Frage der Machterhaltung keine Sorgen machen. Es ist völlig ausreichend, daß sie ihr Talent zur Entfaltung bringen.

Nur eine gerechte Führung wird auf Dauer die erwünschten Ergebnisse bringen. Nur Gerechtigkeit ist nachhaltig. Nur gerechte Führung führt zu echter Autorität und damit zu einer Weiterentwicklung. Bei Umsetzung der Prinzipien natürlichen Organisation wird daher Gerechtigkeit einen weit höheren Stellenwert einnehmen, was wiederum zu einer großen Zufriedenheit Aller in der Gemeinschaft führt.

Heutige Politik leidet auch daran, daß unangenehme Themen nur oberflächlich behandelt werden. Aus wahlkampftaktischen Erwägungen - letztlich also Angst vor dem Machtverlust - werden keine unbequemen Entscheidungen getroffen. Probleme werden nicht angegangen, Symptome nur unterdrückt und die Ursachen gleichermaßen verstärkt. Eine ständige Rückentwicklung ist die Folge.

Natürliche Führung indes geht jede Herausforderung kraftvoll, da im wahrsten Sinne radikal, das heißt von der Wurzel aus, an. Aufgrund der größeren Legitimität durch Qualität und Autorität kann sie das allerdings auch leichter. Auf diese Weise ist eine dauerhafte vorwärtsgerichtete Entwicklung möglich, statt der ständigen Rückentwicklung, die wir heute beobachten müssen.

Da auch keine Kompromisse angestrebt werden, werden Lösungen viel schneller und sauberer erreicht. Die einfachsten Lösungen erweisen sich dabei oft als die besten. Beherztes Anpacken führt zu ebenso kräftigen wie dauerhaften Lösungen.

Dennoch ist natürliche Führung maßvoller in ihren Mitteln als heutige Politik. Da sie vorausschauender ist, kann sie auf Fehlentwicklungen früher und damit angemessener einwirken. Kleine Richtungsänderungen werden als solche kaum wahrgenommen.

Heutige Maßnahmen erschöpfen sich meist im Löschen der am meisten lodernden Feuer, das heißt: Nur die Symptome der drängendsten Probleme werden bekämpft, während sich die Ursache des Problems im Untergrund weiter verstärkt. Da die Probleme dann gesetzmäßig später erneut an die Oberfläche brechen, sind dann viel einschneidendere Mittel notwendig, als zu der Zeit, da das Problem entstand. Weitere Mittel zur Symptombekämpfung sind auch Verheimlichung und Verharmlosung.

Mäßigkeit ist ein Prinzip, welches auch den allgemeinen Kreativfluß am wenigsten behindert. Sie beansprucht die Natur am wenigsten und läßt den Menschen zugleich größtmögliche Freiheit zu schöpferischer Entfaltung.

Werden die Prinzipien angewandt, bleibt kein Raum mehr für die niederen Triebe: Stolz kann nicht bestehen neben Bescheidenheit, Hochmut nicht neben Selbstlosigkeit und Aufopferungswille, Neid nicht neben Großzügigkeit, Zorn nicht neben Gelassenheit, Wollust nicht neben Mäßigkeit, Trägheit nicht neben Kraft und Stärke.

Als Ergebnis bleibt, was immer das Ziel der Großen der Zeit war: Das Wahre und das Schöne.

Schlußwort

Schlußwort

Die hier beschriebenen und erläuterten Richtlinien geben der Menschheit das Werkzeug für den Weg aus der selbstverschuldeten Krise in die Hand. Sie gelten für alle Formen der Organisation. Ihre Anwendung führt immer zu bedeutend besseren Ergebnissen und vor allem zu einer Weiterentwicklung.

Wenn es natürlich Organisationsstrukturen gibt, die ihnen besser entsprechen, und andere weniger, so können sie in den bestehenden Organisationen jedoch jederzeit angewandt werden. Dies allein wird beides verbessern: Die Ergebnisse und die Strukturen an sich. Es bedarf nur der Entschlossenheit und der Konsequenz. Versuchungen und Verlockungen muß unbedingt widerstanden werden. Es war diese menschliche Schwäche, die die Menschheit an diesen Punkt geführt hat.

Die Menschheit kann also weiter etwas von „Gleichheit" und „Toleranz" faseln und gleichzeitig sich auf jede erdenkliche Art und Weise gegen alles Natürliche wenden. Wann immer sie das aber tut, leugnet sie ihr höchstpersönliche Identität.

Diese Selbstkasteiung wird auf Dauer von der Natur allerdings nicht geduldet. Langfristig wird nur eine Menschheit überleben, die die natürlichen Prinzipien akzeptiert und nach ihnen lebt.

Die Frage ist also nicht, ob die Menschheit sich wieder in die natürliche Ordnung einfügt und ihre Vollendung in Harmonie findet, sondern wann und unter welchen Umständen sie das tut.

Die Natur ist von großer Geduld und verzeiht viele Fehler. Sie beläßt es anfangs bei kleineren und größeren Signalen und Lektionen, wenn gegen ihre Ordnung verstoßen wird. Hilft auch das nichts, greift sie jedoch korrigierend ein. Schließlich kann sie die entrückte Menschheit vergehen lassen und - vielleicht Äonen später - eine neue, natürlichere Menschheit entstehen lassen und ihr eine zweite Chance geben.

Es liegt an den Menschen selbst, welchen Weg sie wählen. Denn sie haben noch immer die Wahl. Werden sie sich weiterhin für den schmerzhaften Weg wider die Natur entscheiden, und daran schließlich zugrundegehen?

Oder werden sie endlich die Prinzipien der Persönlichkeit und der Verschiedenheit anerkennen und in gegenseitigem Respekt auf den Weg schöpferischer Kreativität zurückkehren?

Die Entscheidung liegt bei Ihnen.